Ein Geschenk für

mit besten Wünschen von

Bestell-Nr. RKW 5103

© 2012 by
Reinhard Kawohl 46485 Wesel
Verlag für Jugend und Gemeinde
Alle Rechte für Bild und Text vorbehalten

Zusammenstellung und Gestaltung: RKW
Druck und Bindung: PROOST, Belgien

ISBN: 978-3-86338-103-5   www.kawohl.de

Ich schenke dir ein Segenswort

kawohl

Klaudia Busch

Ich möchte dir etwas Wertvolles schenken

Ich schenke dir ein gutes freundliches Wort, das dich tröstet und aufrichtet,
dich achtet und wertschätzt, deine Verletzlichkeit wahrnimmt,
deine Grenze respektiert, das dir sagt, wie kostbar du bist und wie einmalig.
Ein Wort der Kraft und der Befreiung, ein Wort der Annahme und des Heils.

Ich schenke dir ein Segenswort aus der Sprache des Herzens.
Gott segne dich, dass du selbst ein Segen sein kannst.

Gott segne dich

Manchmal siehst du klar und deutlich, was nötig ist zu tun
und hast den Mut es umzusetzen. Du weißt, was du willst und brauchst,
stehst mit beiden Beinen im Leben und gehst zielstrebig deinen Weg.

Manchmal bist du müde und erschöpft, fühlst dich krank an Leib und Seele.
Du bist verwirrt und ratlos, weißt nicht mehr welches Ziel du hast
und welchen Weg du gehen sollst.

Manchmal entdeckst du die bunte Vielfalt um dich herum ganz neu,
spürst Freude in deinem Herzen und genießt die wärmenden
Sonnenstrahlen auf deiner Haut. Du summst eine beschwingte Melodie,
einfach so, weil du dich wohl fühlst.

Manchmal bist du traurig und verzweifelt, erkennst die harte Wirklichkeit,
die so gnadenlos erscheint, bist verlassen und einsam.
Du fühlst die Eiseskälte und spürst deine Angst.

Manchmal bist du voller Kraft und Hoffnung, entwickelst mit Leichtigkeit neue
Ideen. Du fühlst dich getragen in guten Beziehungen, die sich heilvoll gestalten.

Manchmal stehst du vor den Scherben missglückter Beziehungen,
traurig, verletzt, voller Körperschmerz und Seelenschmerz.

Gott begleite dich in den Polaritäten deines Lebens und segne dich.

Gott segne den Morgen

Gott segne diesen Tag, der für dich jetzt beginnt
mit allen seinen Herausforderungen.

Er segne dich, dass du dich immer wieder daran erinnerst,
dass das Leben vor aller Leistung ein Geschenk ist.

Gott segne dich, dass du staunen kannst über die Schönheit der Schöpfung
und dich freust über die täglichen Wunder.

Gott segne dich, dass du seine Gegenwart in deinem Alltag entdeckst.
Gott, Quelle des Lebens, lasse dich teilhaben an seiner Kraft.
Gott segne dich, dass du deine Kräfte in dir spürst und
die vor dir liegenden Aufgaben bewältigst.

Gott segne dich, dass du trotz aller Hektik und Ablenkung hin und wieder
Zeit findest, um tief durchzuatmen und zu dir selbst zu kommen.

Gott segne alle guten Gedanken, die dich bewegen und die guten Worte,
die du aussprichst. Er segne dich mit Mut, wenn du verzagt bist.

Gott segne die Menschen, die dir freundlich begegnen
und helfe dir, dich gegen böse Menschen zu wehren.
Er behüte dich bei jedem Schritt und ebenso
die Menschen, die dir wichtig sind.

Gott segne die Nacht

Gott segne diesen Abend, dass du deine Sorgen ablegen
und die Mühen des Tages hinter dir lassen kannst.

Gott erfülle dich mit Frieden, dass du nach den Anstrengungen,
die hinter dir liegen, jetzt zur Ruhe kommst.

Gott segne dich, dass sich in dem, was dir jetzt aussichtlos
erscheint, bald ein neuer Weg eröffnet.

Gott helfe dir, das Unerlöste in seine Hand zu legen
und dich zu freuen über das, was schön war und dir gelungen ist.

Gott segne deine Träume, die aus der Tiefe in dir aufsteigen,
dass du sie verstehen lernst als Nachrichten deiner Seele
und versuchst deren Bilder und Botschaften zu entschlüsseln.

Gott nehme dir die Angst vor der Nacht
und bewahre dich vor der Macht dunkler Energien.
Gott segne dich und schenke dir erholsamen Schlaf.

Gott segne dich mit Kraft

Gott segne dich mit Kraft,
diesen Arbeitstag zu bestehen;
er helfe dir im Kampf dich mit
anderen messen zu müssen
und Leistung zu bringen,
dass du dich nicht über deine
Grenzen hinaus verausgabst,
sondern Augenblicke der Ruhe
und des Durchatmens findest.

Gott segne dein Arbeiten
und helfe dir, fair mit Menschen
und verantwortungsbewusst
mit Material umzugehen.

Gott segne dich mit Geduld,
wenn etwas schief geht.

Gott segne deine Mühen
und verhindere,
dass deine Arbeit ins Leere geht,
sondern lasse reifen und blühen,
was du ausgepflanzt hast.

Gott segne dich mit Mut
und nehme dir die Angst vor
Menschen, die über dir stehen.

Gott segne deinen guten Willen
und lasse deine Schwächen
nicht zum Unheil für andere
werden und ebenso umgekehrt,
dass die Schwächen
der anderen für dich
nicht zur Bedrohung werden.

Gott stärke dir den Rücken,
damit du aufrecht
deinen Weg gehen kannst und
segne die Spuren deines Weges,
dass du auch gute Erfahrungen
bei deiner Arbeit
und im Umgang mit anderen
Menschen machst.

Gott segne dich bei den vielen
Tätigkeiten, die du den Tag über
erledigst, dass du seinen Geist
in deinem Alltag spürst
und es immer wieder Zeit
und Gelegenheiten
für ein gutes Wort
und fröhliches Lachen gibt.

Gott segne dein Ruhen

Gott, segne die Zeit, die du ganz für dich hast, dass es dir gelingt,
alle inneren und äußeren Antreiber zum Schweigen zu bringen
und frei zu werden von all dem, was dich gefangen nimmt,
um in der Stille zu hören, ob er eine Botschaft für dich hat.

Gott helfe dir, diese Zeit zu füllen mit dem Schönen, was dir gut tut —
völlig zweckfrei, nur einatmen und ausatmen,
entspannen und ausruhen, spüren und genießen,
wahrnehmen, ob heilende Kräfte dich durchströmen
und sich in dir ausbreiten, die Farbigkeit deiner Seele entdecken,
vielleicht den Wunsch beleben, etwas Schönes zu tun,
was du schon lange aufgeschoben hast.

Gott segne die Zeit, in der du dich ausruhst,
dass neue Energien in dir lebendig werden
und du dich erholst und erfrischt fühlst.

Sage doch zu dir:
"Mögen heute die anderen zu vielen wichtigen Terminen eilen
und die tausend Dinge, die so nötig erscheinen,
an einem einzigen Tag erledigen -
heute tue ich nichts
und ruhe mich aus.
Dieser Tag gehört mir
und den verbringe ich
in meinem Liegestuhl."

Gott segne das Essen und Trinken

Gott, segne die Zeit, die wir mit anderen verbringen:
unsere Mahlzeiten, unsere Gespräche, unser Füreinander.

Gott, segne das Essen und Trinken, dass wir es dankbar
als deine Geschenke wahrnehmen und sorgsam damit umgehen;
dass wir die Lebensmittel genießen können und sie uns neue Energien geben.

Gott, wir danken dir für alles, was uns am Leben erhält.
Segne die Schöpfung von der wir leben.

Gott segne das Brot, das den Hunger deines Körpers und deiner Seele stillt.
Gott segne die Kraft deiner Hände und deines Herzens,
dass in deiner Kraft seine Kraft sichtbar wird.

Gott segne deine Freude und Dankbarkeit, wenn du erkennst,
dass das Brot nicht alleine wuchs, sondern dahinter
der Segen dessen steht, der es gedeihen lässt.

Gott segne deinen Mut, wenn du dich bewusst
auch damit beschäftigst, woher dein Essen und Trinken kommt,
wie es hergestellt wird und wie die Lebensbedingungen
von Gottes Geschöpfen aussehen.

Gott segne deine Reise

Gott sei dir nahe und umgebe dich mit seinem Schutz,
wenn du auf die Reise gehst, dass du wohlbehalten
an dein Ziel gelangst.

Gott bewahre dich davor, dass du andere
oder dich selbst in Gefahr bringst.

Gott segne die Zeit, in der du unterwegs bist,
dass das Wetter angenehm ist,
dass du Menschen kennenlernst,
die dir gut gesonnen sind,
dass du die Schönheiten der Kunst sehen
und die Wunder der Natur erleben kannst.

Gott segne die Menschen,
die dir nahe stehen
und zu Hause bleiben.

Gott führe dich sicher wieder heim
und schenke euch
ein frohes Wiedersehen.

Gott segne deinen Geburtstag

Gott segne den Tag, an dem du dich an deine Geburt erinnerst,
dass du dich als Wunder und einmaligen Menschen begreifen kannst
und es dir gelingt, diesen besonderen Tag schön und festlich zu gestalten.

Gott segne deine Augen, Ohren und Hände, dass du die Geschenke,
die Menschen dir bereiten, wahrnehmen, annehmen
und wie einen Schatz in deinem Herzen bewahren kannst.

Gott segne die Menschen, die dir zu deinem Geburtstag gratulieren,
dir Gutes wünschen und sich darüber freuen, dass es dich gibt.

Gott segne die Momente, in denen du auf dein Leben zurückblickst
und besondere Erlebnisse wieder in dir aufsteigen,
die dich besonders erfreuten und Dinge,
die dir gut gelungen sind, aber auch was dich
tief verletzt hat, zum Weinen brachte
und dir Schmerzen bereitete.

Gott segne den Ausblick auf dein weiteres Leben,
dass die Ängste und Unsicherheiten sich wandeln
in Hoffnung und Vertrauen, dass es dir gelingt,
deine Gaben und Fähigkeiten einzubringen
und du gleichzeitig einfühlsam mit deinen
Kräften haushalten kannst.

Gott begleite dich in deinem neuen Lebensjahr
und helfe dir, dass es für dich ein gesegnetes
und gutes Jahr wird.

Gott segne dich in Krankheit

Du bist wie eine Wüste:
ausgebrannt, erschöpft, krank.

Du möchtest wie ein Garten sein:
bunt, voller Lebenskraft, gesund.

Ich wünsche dir eine sprudelnde Quelle,
deren klares Wasser dich erfrischt
und neu belebt.

Ich bitte Gott, dich zu segnen
und dir zu helfen gesund zu werden.

Gott segne dich,
wenn du krank bist
an Leib und Seele

Gott helfe dir,
deine verwirrten Gefühle
und verworrenen Gedanken
zu entwirren, dass sie klar
werden und du den Weg
der Heilung siehst.

Gott stärke dich,
wenn Angst dich lähmt
und du aufgeben willst, weil
der Weg zu beschwerlich ist.

Gott schenke dir
erholsamen Schlaf,
wenn Schmerzen dich quälen
und Sorgen dich belasten.

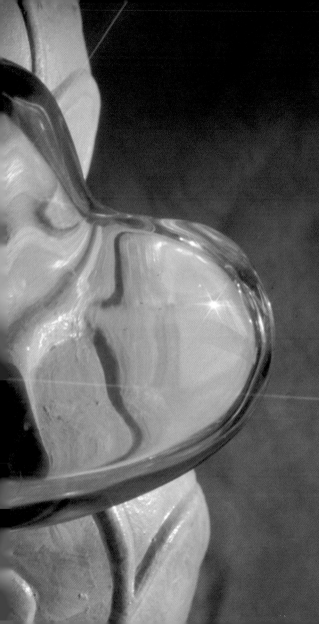

Gott gebe dir Frieden,
dass die Unruhe in deinem
Herzen sich wandelt
in Zuversicht und Hoffnung.

Gott wecke in dir
neue Lebensenergie,
dass aus der Tiefe deiner Seele
heilende Kräfte sich entfalten.

Gott schicke dir Menschen,
die dir helfen, dich trösten
und eine Atmosphäre schaffen,
in der du dich wohlfühlen
und erholen kannst.

Gott lehre dich, dass du lernst
deine Grenzen anzunehmen,
einfühlsam mit dir umzugehen
und dich nicht zu überfordern.

So segne dich Gott
mit seiner heilig –
heilenden Kraft.

Gott segne dich mit Erkenntnis

Gott helfe dir, deine dunklen Seiten und das, was du am liebsten verdrängst
und versteckst, anzuschauen als Teil deiner Lebensgeschichte.

Gott gebe dir Einfühlungsvermögen, um wahrzunehmen,
wo du Opfer bist, wann du verletzt, missbraucht, ausgenutzt wirst.
Gott segne dich mit Kraft, um dich zu wehren und zu schützen.

Gott gebe dir Einfühlungsvermögen, um mit dir selbst
in Kontakt zu kommen und zu erkennen,
wo du Täter bist und Schuld auf dich geladen hast.

Gott segne dich mit Kraft, deine Schuld zu benennen
und mit der Fähigkeit, um Verzeihung zu bitten.

Gott segne dich mit dem Willen,
dich zu verändern und an
deiner Veränderung zu arbeiten.

Gott segne dich mit Ausdauer,
den schweren Veränderungsprozess
durchzuhalten.

Gott segne dich mit Gnade

Gott segne dich mit Gnade, dass sein Friede
sich heilend auf das legt, was in dir verletzt ist
und du bereit bist, Schuld zu vergeben.

Gott segne dich mit Gnade, dass dir Vergebung
geschenkt wird und du versöhnt mit dir
und der Welt sein darfst.

Gott segne den Prozess der Veränderung
bei Menschen, die hauptsächlich Gewalt
und Zerstörung kennen,
dass sie Sensoren für Liebe und einfühlsames
Miteinander entwickeln.

Gott segne den Prozess der Veränderung
bei Menschen, die sich hauptsächlich
in andere einfühlen, liebevoll sind
und sich verausgaben,
dass sie lernen "nein" zu sagen
und sich abzugrenzen.

Gott segne dich in Traurigkeit

Gott segne dich in deiner Trauer
und helfe dir, Verlorenes zu beweinen und Abschied zu nehmen.

Gott segne dich in deiner Einsamkeit und gebe dir Zeit und Mut,
um Vergangenes in aller Stille zu besehen und zu ordnen.

Gott segne dich in deiner Empfindsamkeit
und lege seinen Frieden auf deine Verletzungen,
damit sie heilen.

Gott segne dich in deinem Entscheidungsprozess und wecke die Kraft in dir,
dich von Menschen zu lösen, die dich immer wieder verletzen und dir weh tun.

Gott segne dich in deiner Angst und schenke dir Zuversicht, dass du neue
Schritte wagen kannst in ein neues Leben, wenn es für dich an der Zeit ist.

Gott sammle deine Tränen und verwandle sie in Zuversicht.
Gott helfe dir, deine Sorgen loszulassen und befreie dein Herz von großer Last.

Gott segne dich, dass du dich liebevoll annehmen kannst.
Gott segne die Menschen, die dich in deiner Not mit Anteilnahme begleiten,
dich trösten und dir Hoffnung geben.

Gott segne dich mit Freude

Gott zeige dir die vielen Möglichkeiten Freude zu erleben
und anderen Freude zu bereiten.

Gott segne dich mit Freude über die Wunder der Schöpfung:
den Duft der Blumen, den Geschmack reifer Früchte,
die Farben des Regenbogens, die Schneeflocken, die leise zur Erde fallen.

Gott segne deine Freude, wenn du singen und tanzen möchtest vor Glück,
leicht und unbeschwert, voller Lebensmut und Lebenslust.

Gott segne dich mit Freude über die alltäglichen Wunder, die dir begegnen.
Gott segne dich mit Freude, wenn dir etwas gut gelingt
oder du neu beginnen kannst, wenn dir etwas misslungen ist.

Gott segne dich mit Freude, wenn dir jemand
seine Hand zur Versöhnung reicht.

Gott segne dich mit Freude,
wenn jemand dich anlächelt,
dir ein gutes Wort sagt,
bei dem du spürst,
dass er es gut mit dir meint.

Gott segne dich mit Humor

Gott segne dich mit Humor,
hin und wieder über dich selbst
lachen zu können.

Gott segne dich mit Freude,
wenn du erwartungsvoll
deinem Ziel entgegengehst und erkennst,
dass du in die richtige Richtung gegangen bist.

Gott segne dich mit Humor,
die Traurigkeit überwindet
und du mit einem fröhlichen Herzen
danken kannst für das,
was dir geschenkt wurde
und was dir aus eigener Kraft gelang.

Gott segne deine Jahre

Gott helfe dir, die guten Erinnerungen wie einen kostbaren Schatz
in deinem Herzen zu bewahren und auch die schlechten Erfahrungen
als Teil deiner Lebensgeschichte anzunehmen. Gott füge die Bruchstücke
und das Unvollendete zusammen und führe alles zu einem guten Ende.

Gott segne die Menschen, denen du im vergangenen Jahr dein Vertrauen
schenken konntest, die dich begleitet und dir geholfen haben.

Er segne dich und das vor dir liegende Jahr.

Möge Gott deine Angst
vor der Vergänglichkeit
verwandeln in Hoffnung
auf eine gute Zukunft.

Möge Gott deine Gesundheit erhalten und dir helfen,
das deine dazu beizutragen. Er bewahre dich vor Gefahr und Unheil
und gebe dir genügend Kraft, dich gegen dunkle Mächte zu wehren.
Er führe dich immer wieder auf den Weg, der zum Leben führt
und lasse dich gute, bereichernde, erfüllende Erfahrungen machen
mit Augenblicken des Glücks und der Freude. Ich bitte Gott, dass du
Menschen hast, die für dich da sind, wenn du Verständnis und Hilfe brauchst
und dass auch du anderen zum Segen werden kannst.

Mögest du gesegnete Jahre erleben, aufgehoben in Gottes Gnade.

Gott segne dich und behüte dich.

Gott lasse leuchten sein Angesicht
über dir und sei dir gnädig.

Gott hebe
sein Angesicht
über dich
und gebe dir
Frieden.

4. Mose 6,24-26

Klaudia Busch,
geboren 1957
in Oberhausen (Rheinland),
Studium der Ev. Theologie,
Pastorin im Sonderdienst in der
Ev. Kirchengemeinde Emmerich und
in der Klinikseelsorge Bernkastel-Kues,
war Pfarrerin in der Gemeinde Trier-Ehrang.

Weitere Geschenkbände von Klaudia Busch

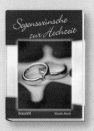